BEI GRIN MACHT SICH IHR WISSEN BEZAHLT

- Wir veröffentlichen Ihre Hausarbeit,
  Bachelor- und Masterarbeit

- Ihr eigenes eBook und Buch -
  weltweit in allen wichtigen Shops

- Verdienen Sie an jedem Verkauf

Jetzt bei www.GRIN.com hochladen und kostenlos publizieren

Bibliografische Information der Deutschen Nationalbibliothek:

Die Deutsche Bibliothek verzeichnet diese Publikation in der Deutschen National-
bibliografie; detaillierte bibliografische Daten sind im Internet über http://dnb.d-
nb.de/ abrufbar.

Impressum:

Copyright © 2015 GRIN Verlag, Open Publishing GmbH
Druck und Bindung: Books on Demand GmbH, Norderstedt Germany
ISBN: 978-3-668-10217-0

Dieses Buch bei GRIN:

http://www.grin.com/de/e-book/311571/darstellung-von-sinn-zweck-und-auswirkung-
des-nsu-untersuchungsausschusses

Max Müller

Darstellung von Sinn, Zweck und Auswirkung des NSU-Untersuchungsausschusses in Thüringen

GRIN Verlag

GRIN - Your knowledge has value

Der GRIN Verlag publiziert seit 1998 wissenschaftliche Arbeiten von Studenten, Hochschullehrern und anderen Akademikern als eBook und gedrucktes Buch. Die Verlagswebsite www.grin.com ist die ideale Plattform zur Veröffentlichung von Hausarbeiten, Abschlussarbeiten, wissenschaftlichen Aufsätzen, Dissertationen und Fachbüchern.

Besuchen Sie uns im Internet:

http://www.grin.com/

http://www.facebook.com/grincom

http://www.twitter.com/grin_com

Augustum - Annen – Gymnasium Görlitz

Facharbeit im Unterrichtsfach Gemeinschaftskunde-Rechtserziehung-Wirtschaft

Der parlamentarische Untersuchungsausschuss - eine Darstellung von Sinn, Zweck und Auswirkung des NSU-Untersuchungsausschusses in Thüringen

Vorgelegt von: Max Müller-Christiansen

Schuljahr: 2014/2015

Görlitz, den 27.02.2015

Gliederung

0. Vorwort

Der parlamentarische NSU-Untersuchungsausschuss in Thüringen. Wie kommt man zu diesem Thema? Mein Vater führte mich bereits früh an das Thema Politik heran. Im Alter von 13 Jahren nahm er mich das erste Mal auf eine politische Veranstaltung mit. Seit meinem 16. Lebensjahr bin ich selbst Mitglied der FDP. Mein Schülerpraktikum wollte ich nutzen, um die Parlamentsarbeit kennenzulernen. Im sächsischen Landtag bekam ich dazu zwei Wochen lang im parlamentarischen Beratungsdienst die Gelegenheit. In dieser Zeit habe ich sehr viele Erkenntnisse im Thema „angewandte Politik" erlangen können: Viel am Schreibtisch, aber auch in Plenarsitzungen und Ausschüssen. Dabei wurde ich aufmerksam auf die Arbeit eines Untersuchungsausschusses. Die Atmosphäre dort ähnelte eher einem Gerichtssaal und unterschied sich von den übrigen Ausschusssitzungen, die ich kennenlernen durfte. Von meinem Vater wusste ich, dass er während seines Studiums in einem parlamentarischen Untersuchungsausschuss im Bundestag gejobbt hat. Mein Interesse war geweckt. Was macht ein Untersuchungsausschuss? Wer sind die Mitglieder? Wie ist er aufgebaut? Wie funktioniert er?

In dieser Zeit war in den Medien der NSU sehr präsent. Immer wieder sind die Wörter: „Terror", „Nationalsozialistischer Untergrund" und „Beate Zschäpe" gefallen. Auch hierzu wollte ich mehr über die Hintergründe erfahren. Der thüringische parlamentarische NSU-Untersuchungsausschuss hat beide Themen kombiniert, das Thema meiner Facharbeit war gefunden.

1. Einleitung

Enver Şimşek, Abdurrahim Özüdoğru, Süleyman Taşköprü, Habil Kılıç, Mehmet Turgut, Ismail Yaşar, Theodoros Boulgarides, Mehmet Kubaşık, Halit Yozgat und Michèle Kiesewetter sind Namen ermordeter Opfer rechten Terrors. Als mutmaßliche Täter kommt ein Mörder-Trio in Betracht: Beate Zschäpe, Uwe Mundlos und Uwe Böhnhardt. Die drei haben sich in jungen Jahren in Jena in einen Jugendklub kennengelernt. Im Laufe der Zeit wurden die politischen Einstellungen der Drei immer radikaler. Sie begannen mit Sachbeschädigung indem Sie Hakenkreuze an den Jugendklub schmierten. Mitte der 1990er Jahre fielen die Drei wegen immer mehr Straftaten und Ordnungswidrigkeiten im Zusammenhang mit rechtsextremistischem Handeln auf.[1] Seit 1998 überfiel das Trio mehrere Post- und Bankfilialen. Seit 2000 mordeten sie.[2] Aber wieso beschäftigt sich ein parlamentarischer Untersuchungsausschuss mit den Vorfällen? Nach dem Gewaltenteilungsprinzip ist die Ermittlung und Verurteilung doch Teil der Judikative, also den Gerichten vorbehalten. Im Rahmen der Aufklärung der Straftaten wurde jedoch immer deutlicher, dass der Staat bei den Ermittlungen über Jahre die Situation vollkommen falsch eingeschätzt hatte. Das Trio fiel den Strafermittlungsbehörden nicht auf, häufig wurde unschuldige Dritte der Taten verdächtig, häufig sogar Familienangehörige der Opfer, die dann nicht nur das Leid des Verlustes eines nahen Angehörigen ertragen mussten. Ferner wurde offenbar, dass hinter dem Trio ein ganzes Netzwerk von Personen stand. Es stellte sich daher die Frage, inwieweit staatliche Institutionen bei der Bekämpfung der Gefahr versagt haben. Diese Frage, die durch das Parlament des Landes Thüringen für das eigene Land noch konkretisiert wurde, sollte durch einen Untersuchungsausschuss geklärt werden, denn dies ist nicht Aufgabe der Strafjustiz, die sich „nur" mit dem Täter auseinander zu setzen hat. In dieser Arbeit soll der Untersuchungsausschuss „Rechtsterrorismus und Behördenhandeln" in Thüringen vorgestellt, behandelt und untersucht werden.

---

[1] http://www.faz.net/aktuell/feuilleton/rechtsterrorismus-wo-alles-begann-11541285.html 02.02.2014 16:00 Uhr

[2] http://www.asklubo.com/karriere-erfolg/bildung/was-ist-die-nsu-hintergruende-zur-zwickauer-terrorzelle/145.571 03.02.2014 14:00 Uhr

2. Vorbemerkung

2.1 Der Nationalsozialistische Untergrund (NSU)

Was ist der Nationalsozialistische Untergrund?

Die Generalbundesanwaltschaft beschreibt dies, wie folgt: „Bei der „NSU"
[(Nationalsozialistischer Untergrund)] handelt es sich um eine
rechtsextremistische Gruppierung, die für die Mordserie an acht
türkischstämmigen und einem griechischen Menschen der Jahre 2000 bis
2006 (sogenannte Ceska-Morde) sowie den Mordanschlag auf zwei
Polizisten in Heilbronn vom 25. April 2007 verantwortlich sein soll."[3]
Laut Beobachtern der Neonazi-Szene umfasst dieses „Netzwerk" rund 200
Personen. Sicherheitsbehörden gingen bisher von 129 Mitgliedern aus.[4]
Die wohl drei bekanntesten Anhänger dieser rechtsextremen Gruppierung
sind Beate Zschäpe, Uwe Böhnhardt und Uwe Mundlos. Besser bekannt
unter dem Namen: „NSU-Mörder-Trio".

2.2 Der allgemeine parlamentarische Untersuchungsausschuss

2.2.1 Was ist ein parlamentarischer Untersuchungsausschuss?

Ein parlamentarischer Untersuchungsausschuss ist ein „parlamentarisches
Gremium zur Aufklärung von Vorgängen, die für das Parlament von
Bedeutung sind".[5] Ein Untersuchungsausschuss hat sowohl im Bund als
auch in den Ländern Verfassungsrang. Im Bund wird er nach Artikel 44 GG
auf Antrag eines Viertels der Mitglieder des Bundestags gebildet. In
Thüringen reichen bereits ein Fünftel der Abgeordneten des Thüringer
Landtags für eine Bildung eines parlamentarischen
Untersuchungsausschusses aus, Art. 64 ThürVerf.

Das besondere bei einem Untersuchungsausschuss ist, dass er befugt ist,
die erforderlichen Beweise zur Untersuchung des Ausschussauftrages auch

---

[3] http://www.generalbundesanwalt.de/de/showpress.php?newsid=418, 15.01.2015 um 15:15
Uhr

[4] http://www.berlin.de/aktuelles/berlin/3025828-958092-archiv-schaetzt-
nsuunterstuetzerkreis-au.html 15.01.2015 um 15:30 Uhr

[5] http://wirtschaftslexikon.gabler.de/Archiv/15518/untersuchungsausschuss-v7.html
15.01.2015 um 16:00 Uhr

mit Zwangsmitteln der StPO erheben zu dürfen. Damit unterscheidet sich der parlamentarische Untersuchungsausschuss grundlegend von allen anderen parlamentarischen Ausschüssen.[6]

Wichtig dabei sind die Regelung über die Beweiserhebung, Zeugenvernehmung, Sachverständige, Herausgabe von Gegenständen" nach dem PUAG.

2.2.2 Wie ist ein parlamentarischer Untersuchungsausschuss aufgebaut?

Ein parlamentarischer Untersuchungsausschuss besitzt in jedem Fall einen Vorsitzenden und einen stellvertretenden Vorsitzenden, diese werden von den Mitgliedern dieses Untersuchungsausschusses gewählt. Der Vorsitzende muss Volljurist sein, da ein Untersuchungsausschuss nach der StPO durchgeführt wird und daher nur von einer juristisch ausgebildeten Person geleitet werden darf. Des Weiteren werden vom Bundes- beziehungsweise jeweiligen Landtag die Anzahl der Mitglieder des Ausschusses festgelegt. Dabei muss aus jeder Fraktion mindestens ein Mitglied vertreten sein. Die konkrete Anzahl der jeweiligen Vertreter der Fraktionen bestimmt die Verteilung der Sitze im Bundes- beziehungsweise Landtags.[7][8][9][10]

2.2.3 Wie funktioniert ein parlamentarischer Untersuchungsausschuss?

Der parlamentarische Untersuchungsausschuss funktioniert ähnlich wie ein Gerichtsverfahren, nur das dieser der Untersuchung und nicht der Verurteilung dient.

Nach einem Antrag, der von mindestens einem Fünftel der Abgeordneten des Thüringer Landtags unterzeichnet werden muss, wird dieser dem Landtag vorgelegt. Der Landtag muss den Antrag unverzüglich beschließen (wenn der Antrag mindestens eine Woche vor der nächsten Plenarsitzung

---

[6]

[7] http://www.merkur-online.de/lokales/freising/freising/herrmann-arbeitet-untersuchungsausschuss-mollath-2929193.html 20.01.2015 um 15:45Uhr

[8] http://www.wissen.de/untersuchungsausschuss 20.01.2015 um 16:15Uhr

[9]http://de.wikipedia.org/wiki/Untersuchungsausschuss_zur_Terrorgruppe_Nationalsozialistischer_Untergrund#Th.C3.BCringer_Untersuchungsausschuss 20.01.2015 um 17:00Uhr

[10] §§4 u. 5 PUAG 20.01.2015 um 18:00 Uhr

eingegangen ist).[11] [12]

Im nächsten Schritt werden die Anzahl der Mitglieder dieses Ausschusses vom Landtag festgelegt. Die Mitglieder des Untersuchungsausschusses werden fraktionsintern gestellt. Die Mitglieder des Untersuchungsausschuss wählen ein Mitglied zum Vorsitzenden (in der Regel ist dies ein Abgeordneter der im Landtag stärksten vertretenden Fraktion) und einen, einer anderen Fraktion zugehörigen stellvertretenden Vorsitzenden.

Nun kann der gewählte Vorsitzende einen „Untersuchungsausschuss unter Angabe der Tagesordnung"[13] einberufen. Ein Untersuchungsausschuss kann mehrmals tagen.

Über die Sitzungen des Untersuchungsausschusses wird ein Protokoll angefertigt.[14] Zur Untersuchung und Aufklärung des Untersuchungsauftrags darf der Untersuchungsausschuss Beweise vorlegen, Zeugen vorladen und Sachverständige hinzuziehen, entsprechend einem Gericht. Dabei sind die die Bedingungen des PUAG zu beachten.

„Nach Abschluss der Untersuchung erstattet der Untersuchungsausschuss [dem Landtag] einen schriftlichen Bericht". In diesem Bericht steht der Verlauf, „die ermittelten Tatsachen und das Ergebnis der Untersuchung".[15] Zu beachten ist, dass der Untersuchungsausschuss nur bis zum Ende der jeweiligen Legislaturperiode Zeit hat, um dem Untersuchungsauftrag nachzugehen. Wird dies nicht geschafft so muss der Untersuchungsausschuss dem Landtag einen „Sachstandsbericht"[16] abgeben.

(Alle Gesetze die im PUAG stehen gelten auch für die deutschen Bundesländer, wenn dies nicht in der jeweiligen Landesverfassung abgeändert wurde)[17]

---

[11] hppt://www.gesetze-im-internet.de/bundesrecht/puag/gesamt.pdf

[12] http://www.thueringer-landtag.de/landtag/gremien-und-rechtsgrundlagen/rechtsgrundlagen/landesverfassung/ 20.02.2014 um 13:15 Uhr

[13] §8 Absatz I PUAG

[14] §11 Absatz I PUAG

[15] §33 Absatz I Satz 2 PUAG

[16] §33 Absatz III PUAG

[17] ThürVerf; PUAG

2.2.4 Werden die theoretischen Richtlinien praktisch eingehalten?

Gegenstand dieser punktuellen Untersuchung für die allgemeine Frage der Einhaltung der Richtlinien ist die 53. Sitzung des 2. Untersuchungsausschusses der 5. Wahlperiode im sächsischen Landtag am 27. Mai 2014, der ich persönlich anwesend war und eigene Notizen angefertigt habe:

- Der Vorsitzende Klaus Dartl begrüßte die anwesenden Mitglieder des Ausschusses
- Er überprüfte anhand einer Liste die Anwesenheit der Mitglieder
- Er führte kurz in den Sachstand ein und kam zum ersten Tagespunkt:
    - Zeugenbefragung. Der Zeuge: Christian Kohle
    - Die Zeugenbefragung dauerte knapp 90 Minuten. Die Zeugenbelehrung erfolgte.
    - Jeder der Mitglieder stellte seine Fragen an den Zeugen
    - Auf eine Vereidigung wurde verzichtet. Dartl dankte und entließ den Zeugen.
- Dartl kam zum zweiten Tagespunkt:
    - Zeugenbefragung. Der Zeuge: Geert Mackenroth
    - Die Zeugenbefragung dauerte knapp 160 Minuten. Die Zeugenbelehrung erfolgte
    - Jeder der Mitglieder stellte seine Fragen an den Zeugen
        - Kleine Auseinandersetzung zwischen zwei Mitgliedern, die ich jedoch leider nicht identifizieren kann
    - Auf eine Vereidigung wurde verzichtet. Dartl dankte und entließ den Zeugen.
- Dartl kam zum dritten Tagespunkt:
    - Zeugenbefragung. Der Zeuge: Georg Wehling
    - Die Zeugenbefragung dauerte knapp 35 Minuten. Die Zeugenbelehrung erfolgte
    - Jeder der Mitglieder stellte seine Fragen an den Zeugen
    - Auf eine Vereidigung wurde verzichtet. Dartl dankte und entließ den Zeugen.
- Dartl unterbrach die Sitzung für eine Berratungssitzung, die nichtöffentlich stattfand (Da ich zu diesem Zeitpunkt jedoch parlamentarischer Mitarbeiter war durfte ich an der Sitzung teilnehmen, jedoch musste ich in meinem Arbeitsvertrag die Geheimhaltung vertraulicher Angelegenheiten gewährleisten)
- Um 15:15 beendete Dartl die Untersuchungsausschusssitzung

Meine Untersuchungserkenntnisse:

Nachdem ich den Verfahrensablauf mit den Regeln der StPO und dem PUAG abgeglichen habe, konnte ich feststellen, dass die §§ 48 ff StPO zu der Zeugenvernehmung und die §§ 226-275 StPO, insbesondere zur Beweiserhebung, eingehalten worden sind. In diesem konkreten Fall deckten sich also die theoretischen Anforderungen mit der Praxis.

3. Der NSU-Untersuchungsausschuss in Thüringen

3.1 Warum wurde ein Untersuchungsausschuss zu diesem Thema einberufen?

Am 18. Januar 2012 stellten folgende Fraktionen des Thüringer Landtags einen Antrag auf einen Untersuchungsausschuss: CDU, Die Linke, SPD, FDP und Bündnis 90/Die Grünen. Dieser Untersuchungsausschuss, kurz „Rechtsterrorismus und Behördenhandeln" genannt untersucht das „[Mögliche] Fehlverhalten der Thüringer Sicherheits- und Justizbehörden, einschließlich der zuständigen Ministerien unter Einschluss der politischen Leitungen, sowie der mit den Sicherheitsbehörden zusammenarbeitenden Personen (so genannte menschliche Quellen) im Zusammenhang mit Aktivitäten rechtsextremer Strukturen, insbesondere des "Nationalsozialistischen Untergrunds" (NSU) und des "Thüringer Heimatschutzes" (THS) und seiner Mitglieder sowie mögliche Fehler der Thüringer Sicherheits- und Justizbehörden bei der Aufklärung und Verfolgung der dem NSU und ihm verbundener Netzwerke zugerechneten Straftaten"[18]

3.2 Wer ist in diesem Untersuchungsausschuss vertreten?

Name	Position	Fraktion
Dorothea Marx	Vorsitzende	SPD
Jörg Kellner	Stellvertretender Vorsitzender	CDU
Marion Walsmann	Mitglied	CDU
Beate Meißner	Mitglied	CDU
Martina Renner	Mitglied	Die Linke
Katharina König	Mitglied	Die Linke
Heinz Untermann	Mitglied	FDP
Dirk Adams	Mitglied	Bündnis 90/Die Grüne

3.3 Was soll mit diesem Untersuchungsausschuss bewirkt werden?

Dieser Untersuchungsausschuss ist einberufen worden um zu klären:

- „ob und in welchem Umfang die Gefahr der Bildung militanter rechtsextremer Strukturen in Thüringen durch die Landesregierung falsch eingeschätzt wurden und somit deren Herausbildung begünstigt wurde" „ob und in welchem Maße Thüringer Sicherheitsbehörden an Gründung[19] und Aufbau

---

[18] Drucksache 5/3902 Thüringer Landtag

[19] Drucksache 5/3902 Thüringer Landtag

sowie der Unterstützung rechtsextremer Strukturen in Thüringen, beispielsweise der "Anti-Antifa Ostthüringen" als Vorläufer des "Thüringer Heimatschutzes", durch den Einsatz von Vertrauenspersonen (V-Personen) und verdeckten Ermittlern beteiligt waren, diese beförderten oder durch Unterlassen geeigneter Maßnahmen duldeten und eingesetzte V-Personen und verdeckte Ermittler an der Durchführung oder Vorbereitung von Straftaten sowie Aktivitäten, die sich gegen das Grundgesetz richten, beteiligt waren oder diese begünstigt"[20]

- „ob und in welchem Umfang Thüringer Sicherheits- und Justizbehörden und die mit ihnen zusammenarbeitenden Personen (so genannte menschliche Quellen) sowie die zuständigen Ministerien die ihnen gesetzlich übertragenen Befugnisse überschritten haben und/oder bei dem Einsatz, beim Führen und Beaufsichtigen von V-Personen bzw. verdeckten Ermittlern oder sonstigen Maßnahmen im Zusammenhang mit der Beobachtung rechtsextremer Strukturen und mit der Verfolgung und Aufklärung von durch diese begangenen Straftaten gegen Rechtsvorschriften verstoßen haben"[21]

- „ob und inwiefern Thüringer Sicherheits- und Justizbehörden und die mit ihnen zusammenarbeitenden Personen (so genannte menschliche Quellen) sowie die zuständigen Ministerien rechtsextreme Strukturen und Personen mangelhaft beobachtet und unzureichend strafrechtlich oder im Rahmen der Gefahrenabwehr gegen sie ermittelt und damit insbesondere die Entstehung des "Nationalsozialistischen Untergrunds" ermöglicht oder begünstigt haben"[22]

- „ob und in welchem Maße unter Beachtung der den Thüringer Sicherheits- und Justizbehörden tatsächlich vorliegenden Erkenntnisse bzw. Erkenntnisse, die erlangt hätten werden können, über Aufenthalt, Aktivitäten und Straftaten durch Handeln oder Unterlassen Thüringer Sicherheits- und Justizbehörden und der mit ihnen zusammenarbeitenden Personen (so genannte menschliche Quellen) Straftaten, die dem "Nationalsozialistischen

---

[20] Drucksache 5/3902 Thüringer Landtag

[21] Drucksache 5/3902 Thüringer Landtag

[22] Drucksache 5/3902 Thüringer Landtag

Untergrund" sowie dessen Unterstützern zugerechnet werden, ermöglicht, begünstigt oder erleichtert wurden"[23]

- „ob und in welchem Maße durch Handeln oder Unterlassen Thüringer Sicherheits- und Justizbehörden und mit ihnen zusammenarbeitender Personen (so genannte menschliche Quellen) die Aufklärung und Verfolgung von dem "Nationalsozialistischen Untergrund" sowie dessen Unterstützern und seiner Netzwerke zugerechneten Straftaten ver- oder behindert worden ist"[24]

- „ob alle rechtlichen und tatsächlich vorhandenen Möglichkeiten und Verpflichtungen zur Aufklärung und damit Verhinderung von Straftaten durch Thüringer Sicherheits- und Justizbehörden in dem erforderlichen Maße umgesetzt wurden"[25]

- „ob und inwieweit Unzulänglichkeiten in der Organisationsstruktur, bei der Ausübung der den Thüringer Sicherheits- und Justizbehörden übertragenen Befugnisse, im Rahmen der Dienst- und Fachaufsicht sowie im Rahmen eines rechtlich gebotenen und zulässigen Informationsaustausches untereinander dazu beigetragen haben, dass sich militante und terroristische rechtsextreme Strukturen herausbilden konnten, dass aus diesem Milieu Straftaten begangen wurden sowie Maß- nahmen der Zielfahndung nach Mitgliedern des "Nationalsozialistischen Untergrundes" erfolglos blieben"[26]

- „ob und in welchem Umfang Thüringer Sicherheits- und Justizbehörden Kenntnis darüber hatten, dass Sicherheitsbehörden des Bundes und der Länder im Rahmen ihrer Tätigkeit mit Mitgliedern rechtsextremer Strukturen in Thüringen nachrichtendienstlich zusammenarbeiteten oder diese unterstützten und wie durch Thüringer Sicherheits- und Justizbehörden mit diesen Kenntnissen umgegangen wurde"[27]

- „ob und inwieweit Unzulänglichkeiten in der rechtlich gebotenen und zulässigen Zusammenarbeit zwischen Thüringer Sicherheits- und Justizbehörden und Behörden des Bundes und der Länder, einschließlich im

---

[23] Drucksache 5/3902 Thüringer Landtag

[24] Drucksache 5/3902 Thüringer Landtag

[25] Drucksache 5/3902 Thüringer Landtag

[26] Drucksache 5/3902 Thüringer Landtag

[27] Drucksache 5/3902 Thüringer Landtag

Ausland, mit dazu beigetragen haben, dass sich militante und terroristische rechtsextreme Strukturen herausbilden konnten und aus diesem Milieu heraus Straftaten begangen wurden sowie Maßnahmen der Zielfahndung nach Mitgliedern des "Nationalsozialistischen Untergrundes" erfolglos blieben"[28]

3.4 Was sind die tatsächlichen Folgen des Untersuchungsausschusses?

Im Abschlussbericht des Untersuchungsausschusses „Rechtsterrorismus und Behördenhandeln" wurden eindeutige Fehler verschiedener Landesorgane zugegeben. Darunter fällt: zu hohe Prämien an die sogenannten V-Personen (Vertrauenspersonen), die mit diesen Geldern den Aufbau der NSU und den THS mitfinanzierten; verstoß gegen das Grundgesetz in der V-Mann-Werbung; das nur eingeschränkte Überprüfen von wahrheitsgemäßes Aussagen der V-Personen; das möglichmachende Untertauchen Uwe Mundlos, Uwe Böhnhardt und Beate Zschäpe nach der „Garagen Durchsuchung" in Jena durch „Pannen" und „unglückliche Umstände" welche der Untersuchungsausschuss jedoch als fehlendes Interesse an diesem Fall einstufte.[29] Diese und weitere Erkenntnisse (ab Drucksache 5/8080 Seite 1579 Thüringer Landtag) ergaben die Untersuchungen des Untersuchungsausschusses. Dirk Adams von der Fraktion Bündnis 90/Die Grünen teilt auf der Pressekonferenz vom 21. August 2014 mit, dass er erwarte, dass die Ergebnisse des Untersuchungsausschusses des Bundestags und des Thüringer und des bayrischen Landtags „endlich als Anlass genommen [werden], das Richterinnen und Richter, Staatsanwältinnen und Staatsanwälte in einen Diskurs kommen was hier falsch gelaufen ist und wie Sie ihre Arbeit besser machen sollen" Der Untersuchungsausschuss wurde bis jetzt nicht als Beweismittel bei dem Prozess Beate Zschäpe am Oberlandesgericht in München aufgeführt.[30]
Schlussendlich dient dieser Untersuchungsbericht im realen Leben nur der Information der Bevölkerung über die fehlerhafte Arbeit der Sicherheits- und Justizbehörden Thüringens.

---

[28] Drucksache 5/3902 Thüringer Landtag

[29] http://www.thueringer-landtag.de/imperia/md/content/landtag/gesetze/drusa60002.pdf

[30] Protokolle Beate Zschäpe Prozess, Archiv Oberlandesgericht München

4. Schlussbemerkung

Bei meiner Recherche bin ich auf einige Ungereimtheiten gestoßen, die Erwähnung finden muss. Zum Beispiel ist mir aufgefallen, dass die Bundesgeneralanwaltschaft und der Abschlussbericht des o.g. Untersuchungsausschusses auf unterschiedliche Ergebnisse kommen. So spricht die Bundesgeneralanwaltschaft von 11- und der Abschlussbericht des o.g. Untersuchungsausschusses von 10 Toten. Dies zeigt, dass die bemängelte Fehlkommunikation, die Nichtweitergabe von Beweismaterial und das fehlerhafte bzw. Nichtzusammenarbeiten der verschieden Instanzen und Länder die im o.g. Untersuchungsausschuss untersucht und festgestellt worden sind auch in der Gegenwart stattfinden. In einem Bericht der genau das untersuchen sollte.

5. Abkürzungen

Vgl.	-	Vergleich
FDP	-	Freie Demokratische Partei
BLF	-	Besondere Leistungsfeststellung
NSU	-	Nationalsozialistischer Untergrund
Art.	-	Artikel
GG	-	Grundgesetz
ThürVerf	-	Thüringer Verfassung
PUAG	-	parlamentarisches Untersuchungsausschussgesetz
StPO	-	Strafprozessordnung
CDU	-	Christdemokratische Union
SPD	-	Sozialdemokratische Partei Deutschlands
THS	-	Thüringer Heimatschutz
Anti-Antifa	-	Anti Antifaschistische Aktion
V-Personen/ V-Mann	-	Vertrauenspersonen/ Vertrauensmann
o.g	-	oben genannten
bzw.	-	beziehungsweise
ff	-	fortfolgend

6. Literaturverzeichnis

- Druckschrift 5/8080 Thüringer Landtag - 16. Juli 2014

- Druckschrift 5/3902 Thüringer Landtag – 18. Januar 2012

- Thüringer Landesverfassung – 25. Oktober 1993

- Grundgesetz – 23. Mai 1949

- Untersuchungsausschussgesetz – 19.Juni 2001

- Kleinknecht/ Meyer-Großner, „Strafprozessordnung" Verlag C.H.Beck

7. Internetquellenverzeichnis

- http://www.thueringer-landtag.de/landtag/aktuelles/pressemitteilungen/82419/index.aspx
- http://parldok.thueringen.de/ParlDok/dokument/43970/einsetzung-eines-untersuchungsausschusses-mögliches-fehlverhalten-der-thüringer-sicherheits-und-justizbehörden-einschließlich-der-zuständigen.pdf
- http://www.thueringer-landtag.de/landtag/gremien-und-rechtsgrundlagen/sonstige-gremien/untersuchungsausschuss_5_1/
- http://www.thueringer-landtag.de/imperia/md/content/landtag/aktuell/2014/drs58080.pdf
- http://www.thueringer-landtag.de/landtag/aktuelles/data/80919/index.aspx
- http://www.thueringer-landtag.de/imperia/md/content/landtag/aktuell/2014/drs58080_band02.pdf
- http://www.justiz.bayern.de/suche/?q=Beate+Zschäpe
- https://studi-lektor.de/tipps/schreiben-bachelorarbeit/bachelorarbeit-einleitung.html
- http://www.schreibwerkstatt.co.at/2013/08/02/wie-schreibt-man-ein-vorwort-für-eine-uni-arbeit/
- http://www.bundestag.de/grundgesetz
- http://www.gesetze-im-internet.de/bundesrecht/puag/gesamt.pdf
- http://www.anne-augustum.de/images/startseite/Schueler-Eltern/Festlegungen/facharbeit_aufbau.pdf
- http://www.generalbundesanwalt.de/de/showpress.php?themenid=13&newsid=418
- http://www.zdf.de/ZDFmediathek#/beitrag/video/2246210/Der-Nationalsozialistische-Untergrund
- https://www.youtube.com/results?search_query=NSU+wo+alles+begann
- http://www.faz.net/aktuell/feuilleton/rechtsterrorismus-wo-alles-begann-11541285.html
- http://www.bpb.de/politik/extremismus/rechtsextremismus/167684/der-nationalsozialistische-untergrund-nsu#footnode2-2
- http://dipbt.bundestag.de/dip21/btd/17/146/1714600.pdf
- http://www.netz-gegen-nazis.de/artikel/die-zwickauer-terrorzelle-nationalsozialistischer-untergrund-im-ueberblick-taten-und-unterstuetzer-3391
- http://www.tagesspiegel.de/politik/nsu-prozess-beate-zschaepe-krank-verhandlung-faellt-aus/10930350.html
- http://www.taz.de/!105777/
- http://www.studium-und-pc.de/vorwort-der-wissenschaftlichen-arbeit.htm

- http://www.helpster.de/einleitung-einer-facharbeit-gelungen-schreiben_43426
- http://www.verfassungsschutz.de/de/suche?term=NSU+einstufung&searchSubmit=S uchen
- http://www.asklubo.com/karriere-erfolg/bildung/was-ist-die-nsu-hintergruende-zur-zwickauer-terrorzelle/145.571
- http://www.thueringer-landtag.de/landtag/gremien-und-rechtsgrundlagen/rechtsgrundlagen/landesverfassung/
- http://www.thueringer-landtag.de/landtag/gremien-und-rechtsgrundlagen/rechtsgrundlagen/landesverfassung/
- https://www.uni-trier.de/fileadmin/fb5/prof/OEF004/Archiv_-_Robbers/Examenskandidaten/SS.03/fall10.pdf
- http://www.wissen.de/untersuchungsausschuss
- http://www.merkur-online.de/lokales/freising/freising/herrmann-arbeitet-untersuchungsausschuss-mollath-2929193.html
- http://www.thueringer-landtag.de/landtag/gremien-und-rechtsgrundlagen/rechtsgrundlagen/geschaeftsordnung/
- http://www.thueringer-landtag.de/imperia/md/content/landtag/gesetze/drusa60002.pdf
- https://netzpolitik.org/2013/jung-naiv-folge-74-wie-funktioniert-ein-untersuchungsausschuss/
- https://netzpolitik.org/2013/jung-naiv-folge-74-wie-funktioniert-ein-untersuchungsausschuss/

Alle Links sind nach heutigem Stand (01. Februar 2015) aktiv.

8. Anhang

Der Anhang beinhaltet die Antworten zum Punkt 3.3 „Was soll mit diesem Untersuchungsausschuss bewirkt werden?" und gehört zum Punkt 3.4 „Was sind die tatsächlichen Folgen des Untersuchungsausschusses?"

Bei dem Dokument handelt es sich um die Drucksache 5/8080 des Thüringer Landtags Seite 1579- 1586.

Der Anhang wurde für die Veröffentlichung entfernt. Die Drucksache 5/8080 kann eingesehen werden unter
http://www.thueringer-landtag.de/mam/landtag/aktuell/2014_8/drs58080.pdf

BEI GRIN MACHT SICH IHR WISSEN BEZAHLT

- Wir veröffentlichen Ihre Hausarbeit,
  Bachelor- und Masterarbeit

- Ihr eigenes eBook und Buch -
  weltweit in allen wichtigen Shops

- Verdienen Sie an jedem Verkauf

Jetzt bei www.GRIN.com hochladen
und kostenlos publizieren